MADINAH ARABIC READER - I

Arabic language course as taught
at the Islamic University, Madinah

Dr. V. Abdur Rahim

Goodword Books

CONTENTS

Lesson 1	3
Lesson 2	13
Lesson 3	17
Lesson 4	28
Lesson 5	37
Lesson 6	45
Lesson 7	52
Lesson 8	56
Lesson 9	62
Lesson 10	72

Illustrated by Gurmeet
First published 2005
Reprinted 2022
© Goodword Books 2022

Goodword Books
A-21, Sector 4, Noida-201301, India
Tel. 91-120-4314871, Mob. +91-8588822672
email: info@goodwordbooks.com
www.goodwordbooks.com

Printed in India

اَلدَّرْسُ الْأَوَّلُ

LESSON ONE

هَـــــذَا

هَذَا بَيْتٌ.

هَذَا مَسْجِدٌ.

هَذَا بَابٌ.

هَذَا كِتَابٌ.

هَذَا قَلَمٌ.

هَذَا مِفْتَاحٌ.

هَذَا مَكْتَبٌ.

هَذَا سَرِيرٌ.

هَذَا كُرْسِيٌّ.

مَا هَـــذَا ؟

مَا هَـــذَا ؟

هَذَا بَيْتٌ.

أَهَذَا بَيْتٌ؟

نَعَمْ، هَذَا بَيْتٌ.

مَا هَـــذَا ؟

هَـــذَا قَمِيـــصٌ.

أَهَـــذَا سَـــرِيـــرٌ؟

لاَ، هَـــذَا كُـــرْسِـــيٌّ.

أَهَـــذَا مِفْتَـــاحٌ ؟

لاَ، هَـــذَا قَلَـــمٌ.

مَا هَـــذَا ؟

هَـــذَا نَجْمٌ.

EXERCISE تَمْــــرِينٌ

مَـــا هَـــذَا ؟

....

مَـــا هـَــذَا ؟

....

مَـــا هَـــذَا ؟

....

مَـــا هـــذاَ ؟

....

مَـــا هَـــذَا ؟

....

أَهَـــذَا بَيْتٌ.

....

أَهَــذَا قَمِـــيــصٌ؟

....

أَهَـــذَا مِفْتَــــاحٌ؟

....

أَهَـــذَا نَجْـــمٌ؟

....

اِقْـرَأْ وَاكْتُـبْ READ AND WRITE

هَـذَا مَكْتَبٌ .   هَـذَا مَسْجِـدٌ.   هَـذَا قَلَـمٌ.

هَـذَا سَرِيرٌ.   مَـا هَـذَا ؟   هَـذَا كُرْسِـيٌّ.

أَهَـذَا بَيْـتٌ ؟   لاَ، هَـذَا مَسْجِـدٌ.   مَا هَذَا ؟ هَذَا مِفْتَاحٌ.

مَـنْ هَـذَا ؟

مَنْ هَـذَا ؟

هَذَا طَبِيبٌ.

مَنْ هَـذَا ؟

هَذَا وَلَـدٌ.

مَنْ هَـذَا ؟

هَذَا طَـالِبٌ.

أَهَـذَا وَلَـدٌ ؟

لاَ، هَذَا رَجُـلٌ.

مَــنْ هَــذَا ؟ هَــذَا تَاجِــرٌ.

مَا هَــذَا ؟ هَــذَا مَسْجِــدٌ.

هَــذَا كَلْــبٌ.

أَهَــذَا كَلْــبٌ ؟
لاَ، هَــذَا قِــطٌّ.

هَــذَا حِمَــارٌ.

أَهَذَا حِمَارٌ ؟

لاَ، هَذَا حِصَانٌ.

وَمَا هَذَا ؟

هَذَا جَمَلٌ.

مَا هَذَا ؟

هَذَا دِيكٌ.

مَنْ هَذَا ؟

هَذَا مُدَرِّسٌ.

EXERCISE تَمْــرِينٌ

READ AND WRITE اِقْــرَأْ وَاكْتُــبْ

مَا هَــذَا ؟ هَــذَا قَلَمٌ.

هَـذَا كَلْـبٌ.

مَنْ هَــذَا ؟ هَذَا طَبِيبٌ.

هَـذَا جَمَــلٌ .

أَهَــذَا دِيكٌ ؟ نَعَمْ.

أَهَــذَا كَلْبٌ ؟ لاَ، هَــذَا قِطٌّ.

أَهَذَا حِصَانٌ ؟ لاَ، هَذَا حِمَارٌ.

أَهَــذَا وَلَدٌ ؟ نَعَمْ.

مَنْ هَذَا ؟ هَذَا رَجُلٌ.

POINTS TO REMEMBER

In this lesson we learn the following patterns:

What is this?	مَا هَذَا؟
This is a book.	هَذَا كِتَابٌ.
Is this a house?	أَهَذَا بيتٌ؟
Yes, this is a house.	نعم، هَذَا بَيْتٌ.
No, this is a mosque.	لا، هَذَا مَسْجِدٌ
Who is this?	مَنْ هَذَا ؟

Note:

1. هَذَا is pronounced هَاذَا, but it is written without the first alif.
2. Arabic has no word corresponding to the English "is", i.e. Arabic has no copula.
3. There is no word in Arabic corresponding to "a" in English as in "this is a book". The n-sound at the end of the Arabic noun (kitâbu-n, baitu-n, masjidu-**n**) is the Arabic indefinite article corresponding to the English "a"/ "an". This n-sound is called **tanwîn**.
4. The particle أ placed at the beginning of a statement turns it into a question, e.g.,

This is a house.	هَذَا بَيْتٌ.
Is this a house?	أَهَذَا بَيْتٌ؟

Vocabulary:

بَيْتٌ	house	وَلَدٌ	boy
مَسْجِدٌ	mosque	طَالِبٌ	student
بَابٌ	door	رَجُلٌ	man
كِتَابٌ	book	تَاجِرٌ	merchant
قَلَمٌ	pen	كَلْبٌ	dog
مِفْتَاحٌ	key	قِطٌّ	cat
مَكْتَبٌ	writing table	حِمَارٌ	donkey
سَرِيرٌ	bed	حِصَانٌ	horse
كُرْسِيٌّ	chair	جَمَلٌ	camel
نَجْمٌ	star	دِيكٌ	rooster
قَمِيصٌ	shirt	مُدَرِّسٌ	teacher
طَبِيبٌ	doctor	مِنْدِيلٌ	kerchief

الـــدَّرْسُ الثَّانِي

LESSON TWO

ذَلِـــــــكَ

مَا ذَلِكَ ؟

ذَلِكَ نَجْـمٌ .

هـــذَا مَسْجِـدٌ وَذَلِكَ بَيْـتٌ.

هـــذَا حِصَـانٌ وَذَلِكَ حِـمَارٌ.

أَذَلِكَ كَلْـــبٌ ؟

لاَ، ذَلِكَ قِـــطٌّ.

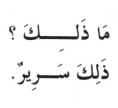

مَا ذَلِـــكَ ؟

ذَلِكَ سَـرِيرٌ.

مَنْ هَـذَا وَمَـنْ ذَلِكَ ؟

هَـذَا مُـدَرِّسٌ وَذَلِكَ إِمَـامٌ.

مَا ذَلِـكَ ؟

ذَلِكَ حَجَــرٌ.

هَـذَا سُكَّـرٌ وَذَلِكَ لَـبَنٌ.

14

EXERCISE تَمْـــرِينٌ

READ AND WRITE اِقْـرَأْ وَاكْتُـبْ

هَـذَا سُكَّـــرٌ وَذَلِك لَــبَنٌ.

مَنْ ذَلِكَ ؟ ذَلِكَ إِمَامٌ.

أَذَلِكَ قِطٌّ ؟ لاَ، ذَلِكَ كَلْـبٌ.

مَا هَذَا ؟ هَذَا حَجَـرٌ.

New Words اَلْكَلِمَاتُ الْجَدِيْدَةُ

إِمَـــامٌ حَجَـــرٌ سُكَّـــرٌ لَـــبَنٌ

سُكَّـــرٌ

لَـــبَنٌ

إِمَـــامٌ

حَجَـــرٌ

POINTS TO REMEMBER

In this lesson, we learn the use of ذَلِكَ meaning "that", and وَ meaning "and", e.g.,

This is a house and that is a mosque. هَذَا بَيْتٌ، وَذَلِكَ مَسْجِدٌ.

Note:

1. **ذَلِكَ is pronounced ذَالِكَ but it is written without alif.**
2. The word وَ is written close to the following word.

Vocabulary:

إِمَامٌ	imâm	سُكَّرٌ	sugar
حَجَرٌ	stone	لَبَنٌ	milk

الـدَّرْسُ الثَّالِثُ

LESSON THREE

بَيْـتٌ : الْبَيْـتُ

قَلَـمٌ : الْقَلَـمُ

كِتَـابٌ : الْكِتَـابُ

جَمَـلٌ : الْجَمَـلُ

الْقَلَـمُ مَكْسُورٌ.

الْبَابُ مَفْتُوحٌ.

الْوَلَدُ جَالِسٌ،
وَالْمُدَرِّسُ وَاقِفٌ.

الْكِتَابُ جَدِيدٌ وَالْقَلَمُ قَدِيمٌ.

الْحِمَارُ صَغِيرٌ وَالْحِصَانُ كَبِيرٌ.

اَلْكُرْسِيُّ مَكْسُورٌ.

الْمَاءُ بَارِدٌ.

الْقَمَرُ جَمِيلٌ.

الْبَيْتُ قَرِيبٌ وَالْمَسْجِدُ بَعِيدٌ.

الْحَجَرُ ثَقِيلٌ وَالْوَرَقُ خَفِيفٌ.

اَللَّبَنُ حَارٌّ.

الْقَمِيصُ نَظِيفٌ.

EXERCISES تَمَارِيـــــنُ

(١) اِقْـــرَأْ وَاكْتُـــبْ مَعَ ضَبْطِ أَوَاخِرِ الْكَلِمَاتِ

Read and write each of the following words vocalizing its last letter.

مَسْجِـــد. الْمَسْجِـــد. الْمـَــاء. مـَــاء. الْبَيْت. بَاب. قَلَـــم. الْقَلَم.

الْكَلْب. كَلْـــب. قَمِيص. وَلَـــد. الْحَجَـــر. الْوَلَد. حِمَار. الْحِمَار.

الْحِصَان. حِصَان.

READ AND WRITE اِقْـــرَأْ وَاكْتُـــبْ

(١) اَلْمَكْتَبُ مَكْسُورٌ.

(٢) الْمُدَرِّسُ جَدِيدٌ.

(٣) الْقَمِيصُ وَسِخٌ.

(٤) اللَّبَنُ بَارِدٌ.

(٥) اَلْمَسْجِدُ مَفْتُوحٌ.

(٦) الْحَجَرُ كَبِيرٌ.

(٧) اللَّبَنُ بَارِدٌ وَالْمَاءُ حَارٌّ.

(٨) الْمُهَنْدِسُ جَالِسٌ وَالْمُدَرِّسُ وَاقِفٌ.

(٩) الْقَمَرُ بَعِيدٌ.

(١٠) الْمِنْدِيلُ نَظِيفٌ.

(٣) اِمْلأْ الْفَرَاغَ فِيمَا يَلِي بِوَضْعِ الْكَلِمَةِ الْمُنَاسِبَةِ مِنَ الْكَلِمَاتِ التَّالِيَةِ :

Complete each of the following sentences
using one of the words given below:

جَمِيلٌ. وَسِخٌ. مَفْتُوحٌ. حَارٌّ. ثَقِيلٌ. خَفِيفٌ.

(١) الْحَجَرُ .... (٢) الْبَابُ ....

(٣) الْقَمَرُ .... (٤) الْوَرَقُ ....

(٥) الْمِنْدِيلُ .... (٦) اللَّبَنُ ....

(٤) اِمْلأْ الْفَرَاغَ فِيمَا يَلِي بِوَضْعِ كَلِمَةٍ مُنَاسِبَةٍ :

Fill in the blank in each of the following sentences
with a suitable word:

(١) .... نَظِيفٌ. (٢) .... مَكْسُورٌ.

(٣) .... بَارِدٌ. (٤) .... قَرِيبٌ.

(٥) .... بَعِيدٌ. (٦) .... وَاقِفٌ.

(٧) .... جَالِسٌ. (٨) .... كَبِيرٌ.

(٩) .... قَدِيمٌ. (١٠) .... جَدِيدٌ.

الْكَلِمَاتُ الْجَدِيدَةُ New Words

الْقَمَرُ	جَدِيدٌ	قَدِيمٌ	وَسِخٌ
نَظِيفٌ	حَارٌّ	بَارِدٌ	صَغِيرٌ
كَبِيرٌ	مَفْتُوحٌ	مَكْسُورٌ	ثَقِيلٌ
خَفِيفٌ	جَمِيلٌ	وَاقِفٌ	جَالِسٌ

نَجْمٌ : النَّجْمُ

دِيكٌ : اَلدِّيكُ

رَجُلٌ : الرَّجُلُ

طَالِبٌ : اَلطَّالِبُ

(١) النَّجْمُ بَعِيدٌ.

(٢) الرَّجُلُ وَاقِفٌ.

(٣) السُّكَّرُ حُلْوٌ.

(٤) الطَّالِبُ مَرِيضٌ.

(٥) الدِّيكُ جَمِيلٌ.

(٦) الدَّفْتَرُ جَدِيدٌ.

(٧) التَّاجِرُ غَنِيٌّ .

(٨) الدُّكَّانُ مَفْتُوحٌ.

(٩) الْوَلَدُ فَقِيرٌ .

(١٠) التُّفَّاحُ لَذِيذٌ.

(١١) الطَّبِيبُ طَوِيلٌ وَالْمُدَرِّسُ قَصِيرٌ .

EXERCISES تَمَارِيــــــنُ

(١) اِقْرَأ وَاكْتُبْ مَعَ ضَبْطِ أَوَاخِرِ الْكَلِمَاتِ :

Read and write each of the following words vocalizing its last letter

اَلْبَاب.   اَلتَّاجِر.   اَلنَّجْم.   اَلْقَمَر.   اَلدِّيك.   اَلْمَاء.

اَلسَّرِير.   اَلْبَيْت.   اَلْمَسْجِد.   اَلرَّجُل.   اَلسُّكَّر.   اَلْوَرَق.

(٢) اِمْلأِ الْفَرَاغَ فِيمَا يَلِي بِوَضْعِ كَلِمَاتٍ مُنَاسِبَةٍ :

Fill in the blank in each of the following sentences with a suitable word:

(١) .... غَنِيٌّ .   (٢) .... حُلْوٌ.

(٣) .... مَرِيضٌ.   (٤) .... لَذِيذٌ.

(٥) .... طَوِيلٌ.   (٦) .... قَصِيرٌ .

(٣) اِخْتَرْ كَلِمَةً مِنَ الْقَائِمَةِ (ب) تُنَاسِبُ الْكَلِمَةَ الَّتِي فِي الْقَائِمَةِ (أ):

Match the following:

(ب)	(أ)
لَـــــذِيذٌ	الطَّـــالِبُ
مَكْسُـــورٌ	الدُّكَّانُ
ثَقِيلٌ	التُّفَّاحُ
مَفْتُـــوحٌ	الْمَـــاءُ
مَـــرِيضٌ	الْحَجَـــرُ
حَـــارٌّ	الْقَلَـــمُ

New words:	اَلْكَلِمَاتُ الْجَدِيدَةُ:

غَنِيٌّ	اَلدُّكَّانُ	مَرِيضٌ	حُلْوٌ
اَلتُّفَّاحُ	قَصِيرٌ	فَقِيرٌ	طَوِيلٌ

23

اَلْحُرُوفُ اَلْقَمَرِيَّةُ وَالْحُرُوفُ الشَّمْسِيَّةُ

The Moon Letter and the Sun Letters

اَلْحُرُوفُ الشَّمْسِيَّةُ		اَلْحُرُوفُ الْقَمَرِيَّةُ	
(١) ت : التَّاجِرُ		(١) أ : الأَبُ	
(٢) ث : الثَّوْبُ		(٢) ب : الْبَابُ	
(٣) د : الدِّيكُ		(٣) ج : الْجَنَّةُ	
(٤) ذ : الذَّهَبُ		(٤) ح : الْحِمَارُ	
(٥) ر : الرَّجُلُ		(٥) خ : الْخُبْزُ	
(٦) ز : الزَّهْرَةُ		(٦) ع : الْعَيْنُ	
(٧) س : السَّمَكُ		(٧) غ : الْغَدَاءُ	
(٨) ش : الشَّمْسُ		(٨) ف : الْفَمُ	
(٩) ص : الصَّدْرُ		(٩) ق : الْقَمَرُ	
(١٠) ض : الضَّيْفُ		(١٠) ك : الْكَلْبُ	
(١١) ط : الطَّالِبُ		(١١) م : المَاءُ	
(١٢) ظ : الظُّهْرُ		(١٢) و : الْوَلَدُ	
(١٣) ل : اللَّحْمُ		(١٣) هـ : الْهَوَاءُ	
(١٤) ن : النَّجْمُ		(١٤) ي : الْيَدُ	

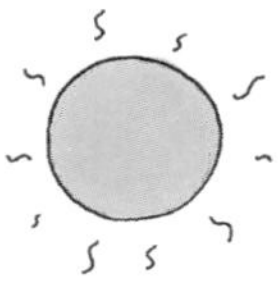

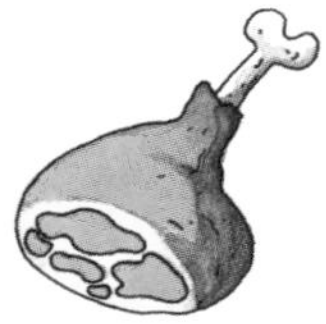

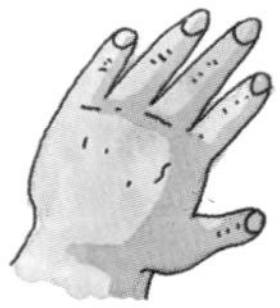

EXERCISE تَمْـــــرِينٌ

اقْرَأ الْكَلماتَ الآتيَةَ وَاكْتُبْها مُراعِيًا قَواعِدَ نُطْقِ لامِ التَّعْرِيْفِ مَعَ الْحُرُوفِ الْقَمَرِيَّةِ وَالشَّمْسِيَّةِ :

Read the following words and write them down bearing in mind the rule regarding the Sun and Moon Letters:

الْبَيْتُ. الدِّيكُ. الْمُدَرِّسُ. الْبابُ. الطَّالِبُ. السُّكَّرُ. الدَّفْتَرُ.

الأَخُ. الرَّسُولُ. الْوَجْهُ. الصَّدِيقُ. الْقُرآنُ. الصَّلاةُ. الْكَعْبَةُ.

الرَّأْسُ. الإِصْبَعُ. الصَّابُونُ. الظُّفْرُ. الْفَجْرُ. الظُّهْرُ. الْعَصْرُ.

الْمَغْرِبُ. الْعِشاءُ.

In this lesson we learn the use of the Arabic definite article «al» which corresponds to the English "the". When the definite article «al» is prefixed to a noun naturally the indefinite article (-n) is dropped, e.g.

بَيْتٌ

baitu-n

الْبَيْتُ

al-baitu

Arabic has 28 letters. Of these 14 are called Solar Letters or Sun Letters, and the other 14 are called Lunar letters or Moon Letters. In the articulation of the Solar Letters the tip or the blade of the tongue is involved as in t, n, r, s, etc. The tip or the blade of the tongue does not play any part in the articulation of the Lunar Letters as in b, w, m, k, etc.

When «al» is prefixed to a noun beginning with a Solar Letter the «l» of «al» is assimilated to the Solar Letter, e.g. al-shams (the sun) is pronounced ash-shamsu. No change takes place in writing (الشَّمْسُ). The assimilation is indicated by the shaddah on the first letter of the noun.

No such assimilation takes place with the Lunar Letters, e.g. al-qamaru (the moon) is pronounced al-qamaru (الْقَمَرُ).

Here are some more examples of the assimilation of the «l» of «al» to the Solar letters:

- al-najmu   becomes an-najmu
- al-rajulu   becomes ar-rajulu
- al-dîku   becomes ad-dîku
- al-samaku   becomes as-samaku

See the table of Lunar and Solar Letters.

Note that the «a» of «al» is pronounced only when it is not preceded by another word.

If it is preceded by a word it is dropped in pronunciation, though it remains in writing, e.g. al-baitu. Here the «a» is pronounced, but if it is preceded by «wa» meaning "and" the «a» is dropped and the phrase is pronounced wa-l-baitu not wa al-baitu.

To indicate this omission in pronunciation this sign « ١ » is placed above the hamzah: وَالْبَيْتُ

The initial vowel (a, i, or u) which is omitted when preceded by a word is called hamazatu l-wasl.

The door is open	الْبَابُ مَفْتُوحٌ.
The pen is broken.	الْقَلَمُ مَكْسُورٌ.

Note:

We have learn that the tanwîn is the indefinite article, and it is to be translated as «a», e.g. بَيْتٌ a house. This does not apply to adjectives like مَفْتُوحٌ "open", and مَكْسُورٌ "broken".

Vocabulary:

غَنِيٌّ	rich	فَقِيرٌ	poor
طَوِيلٌ	tall	قَصِيرٌ	phort
بَارِدٌ	cold	حَارٌّ	hot
جَالِسٌ	sitting	وَاقِفٌ	standing
جَدِيدٌ	new	قَدِيمٌ	old
قَرِيبٌ	near	بَعِيدٌ	far away
نَظِيفٌ	clean	وَسِخٌ	dirty
صَغِيرٌ	small	كَبِيرٌ	big
خَفِيفٌ	light	ثَقِيلٌ	heavy
الوَرَقُ	paper	الْمَاءُ	water
التُّفَّاحُ	apple	جَمِيلٌ	beautiful
الدُّكَّانُ	shop	حُلْوٌ	sweet
مَرِيضٌ	sick		

اَلــدَّرْسُ الرَّابِعُ

LESSON FOUR

الْحَمَّام.

الْغُرْفَة.

(أ)

اَلْبَيْتُ : فِي الْبَيْتِ — اَلْمَسْجِدُ : فِي الْمَسْجِدِ

اَلْمَكْتَبُ : عَلَى الْمَكْتَبِ — اَلسَّرِيْرُ : عَلَى السَّرِيْرِ

(ب)

أَيْنَ مُحَمَّدٌ ؟ — هُوَ فِي الْغُرْفَةِ.

وَأَيْنَ يَاسِرٌ؟ — هُوَ فِي الْحَمَّامِ.

وَ أَيْنَ آمِنَةُ ؟ — هِيَ فِي الْمَطْبَخِ.

أَيْنَ الْكِتَابُ؟ — هُوَعَلَى الْمَكْتَبِ.

وَ أَيْنَ السَّاعَةُ ؟ — هِيَ عَلَى السَّرِيْرِ.

اَلْمَطْبَــخُ

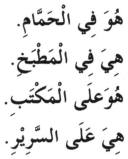

EXERCISES تَمَارِيــــــنُ

(١) أَجِبْ عَنِ الأَسْئِلَةِ الآتِيَةِ :

Answer the following questions:

(١) أَيْنَ الْكِتَابُ؟ ....

(٢) أَيْنَ مُحَمّـــدٌ؟ ....

(٣) أَيْنَ السـَّـاعَةُ؟..

(٤) أَيْنَ يَاسِــرٌ ؟ ....

(٥) أَيْنَ آمِنَــــةُ ؟ ....

(٦) أَآمِنَـــةُ فِي الْغُرْفَةِ؟ ....

(٧) أَيَاسِــرٌ فِي الْمَطْبَخِ؟ ....

(٨) مَنْ فِي الْغُرْفَـــةِ ؟ ....

(٩) وَمَنْ فِي الْحَمـــَّامِ ؟ ....

(١٠) مَاذَا عَلَى الْمَكْتَبِ ؟ ....

(١١) مَاذَا عَلَى السَّرِيْرِ ؟ ....

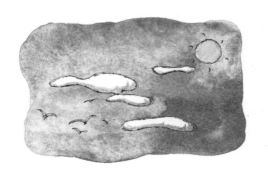

(٢) اِقْرَأْ وَاكْتُبْ مَعَ ضَبْطِ أَوَاخِرِ الْكَلِمَاتِ:

Read and write each of the following words vocalizing its last letter:

الْمَـدْرَسَة ، فِي الْمَـدْرَسَة ، فِي الْبَيْت ، الْبَيْت ، الْغُرْفَة ، الْحَمَّام ، فِي الْحَمَّام ، فِي الْمَطْبَـخ ، الْمَكْتَب ، عَلَى الْمَكْتَب ، عَلَى الْكُرْسِيّ ، السَّرِيْر، عَلَى الْكِتَاب ، فِي الْمَسْجِـد.

اِقْـرَأْ وَاكْتُـبْ:

Read and write:

(١) اَلطَّالِبُ فِي الْجَامِعَةِ.

(٢) اَلرَّجُلُ فِي الْمَسْجِدِ.

(٣) أَيْنَ التَّاجِرُ؟ هُوَ فِي الدُّكَّانِ.

(٤) اَلْقَلَمُ عَلَى الْمَكْتَبِ.

(٥) أَيْنَ زَيْنَبُ ؟ هِيَ فِي الْغُرْفَةِ .

(٦) أَيْنَ الْوَرَقُ ؟ هُوَ عَلَى الْمَكْتَبِ.

(٧) أَيْنَ الْمُدَرِّسُ ؟ هُوَ فِي الْفَصْلِ.

(٨) أَيْنَ يَاسِرٌ ؟ هُوَ فِي الْمِرْحَاضِ.

(٩) اَلشَّمْسُ وَالْقَمَرُ فِي السَّمَاءِ.

(١٠) مَنْ فِي الْفَصْلِ ؟

Consider the following:	تأمَّلْ مَا يَلِي:

مُحَمَّـــدٌ	آمِنَـــــةُ
خَالِـــدٌ	زَيْنَـــبُ
حَامِـــدٌ	فَاطِمَـــةُ
يَاسِـــرٌ	مَرْيَـــمُ
عَمَّـــارٌ	عَائِشَـــةُ
سَعِيْـــدٌ	خَدِيْجَـــةُ
عَلِـــيٌّ	صَفِيَّـــةُ
عَبَّـــاسٌ	رُقَيَّـــةُ

اِقْرَأْ وَاكْتُبْ مَعَ ضَبْطِ أَوَاخِرِ الْكَلِمَاتِ:

Read and write each of the following words vocalizing its last letter:

حَامِد ، زَيْنَـــب ، آمِنَـــة ، عَمَّار ، سَعِيـــد ، فَاطِمَـــة، مَرْيَم،

عَلِيّ ، خَالِد ، عَبَّـــاس ، عَائِشَـــة ، مُحَمَّـــد ، صَفِيَّـــة، خَدِيجَـــة.

(ب)

الْمَسْجِدُ : إِلَى الْمَسْجِدِ	الْبَيْتُ : مِنَ الْبَيْتِ

الْمُدَرِّسُ : مِنْ أَيْنَ أَنْتَ ؟

مُحَمَّـــدٌ : أَنَا مِنَ الْيَابَانِ.

الْمُدَرِّسُ : وَمِنْ أَيْنَ عَمَّارٌ ؟

مُحَمَّـــدٌ : هُوَ مِنَ الصِّينِ.

الْمُدَرِّسُ : وَمِنْ أَيْنَ حَامِدٌ ؟

مُحَمَّـــدٌ : هُوَ مِنَ الْهِنْدِ.

الْمُدَرِّسُ : أَيْنَ عَبَّاسٌ ؟

مُحَمَّـــدٌ : خَرَجَ .

الْمُدَرِّسُ : أَيْنَ ذَهَبَ ؟

مُحَمَّـــدٌ : ذَهَبَ إِلَى الْمُدِيرِ.

الْمُدَرِّسُ : وَ أَيْنَ ذَهَبَ عَلِيٌّ ؟

مُحَمَّـــدٌ : ذَهَبَ إِلَى الْمِرْحَاضِ.

اَلْيَابَانُ

اَلْمِرْحَاضُ

EXERCISES تَمارِيـــنُ

(١) أَجِبْ عَنِ الأَسْئِلَةِ الآتِيَـــةِ :

Answer the following questions:

(١) مِنْ أَيْنَ أَنْتَ ؟ ....

(٢) أَأَنْتَ مِنَ الْفِلِبِّين؟ ....

(٣) مَنْ مِنَ الصِّين؟ ....

(٤) مِنْ أَيْنَ حَامِدٌ؟ ....

(٥) أَيْنَ ذَهَبَ عَبَّاسٌ؟ ....

(٦) أَذَهَبَ عَلِيٌّ إِلَى الْمُدِير ؟ ....

(٢) اِقْرَأْ وَاكْتُبْ مَعَ ضَبْطِ أَوَاخِرِ الْكَلِمَات :

Read and write each of the following words vocalizing its last letter:

اَلْغُـــرْفَـــة ، مِنَ الْغُـــرْفَة ، مِنَ الْحَـــمَّام ، الْمِرْحَاض ، إِلَى الْمِرْحَاض،
الْيَابَان ، الفِلِبِّيْن ، مِنَ الْهِنْد ، إِلَى الصِّيْن.

(٣) اِقْــرَأْ وَاكْتُـــــبْ:

Read and write:

(١) مِنْ أَيْنَ فَاطِمَةُ ؟ هِيَ مِنَ الْهِنْد .

(٢) خرَجَ الْمُدَرِّسُ مِنَ الْفَصْلِ وَذَهَبَ إِلَى الْمُدِير .

(٣) ذَهَبَ التَّاجِرُ إِلَى الدُّكَّان .

(٤) خَرَجَ حَامِدٌ مِنَ الْغُرْفَةِ وَذَهَبَ إِلَى الْحَمَّامِ .

(٥) مَنْ خَرَجَ مِنَ الْفَصْلِ ؟

(٦) خَرَجَ الطَّالِبُ مِنَ الْمَدْرَسَةِ وَذَهَبَ إِلَى السُّوقِ .

(٧) خَدِيجَةُ مِنَ الصِّينِ وَخَالِدٌ مِنَ الْيَابَانِ .

(٤) ضَعْ فِي الْفَرَاغِ فِيمَا يَلِي حَرْفَ جَرٍّ مُنَاسِبًا :

Fill in the blank in each of the following sentences with a suitable preposition:

(مِنْ – إِلَى – فِي – عَلَى)

(from - to - in -on)

(١) الْكِتَابُ .... الْمَكْتَبِ . (٢) الطَّالِبُ .... الْفَصْلِ .

(٣) ذَهَبَ حَامِدٌ .... الْجَامِعَةِ . (٤) خَرَجَ الْمُدِيرُ .... الْمَدْرَسَةِ .

(٥) ذَهَبَ مُحَمَّدٌ .... الصِّينِ .... الْيَابَانِ .

اَلْكَلِمَاتُ الْجَدِيدَةُ :			New Words :
الْمَدْرَسَةُ	الْفَصْلُ	الْحَمَّامُ	الْمِرْحَاضُ
الْمَطْبَخُ	الْغُرْفَةُ	الْجَامِعَةُ	السُّوقُ
الْيَابَانُ	الصِّينُ	الْهِنْدُ	الْفِلِبِّينُ
الْمُدِيرُ	ذَهَبَ	خَرَجَ	

فِي . عَلَى . مِنْ . إِلَى

مِنْ حُرُوفِ الْجَرِّ

POINTS TO REMEMBER

In this lesson we will learn the use of prepositions.

1. Arabic nouns have endings to show their functions in the sentence. The normal ending of a noun is «-u» as in

(The house is new). al-baitu jadîd-u-n — الْبَيْتُ جَدِيْدٌ

A noun with the normal ending is said to be in the nominative case. In Arabic it is called مَرْفُوعٌ.

After a preposition this ending changes to: «-i» e.g.

al-bait-**u** (the house) — الْبَيْتُ

fi l-bait-**i** (in the house)[1] — فِي الْبَيْتِ

Bait-**u**-n (a house) — بَيْتٌ

fi bait-**i**-n (in a house) — فِي بَيْتٍ

al-maktab-**u** (the table) — الْمَكْتَبُ

'ala l-maktab-**i** (on the table) — عَلَى الْمَكْتَبِ

A noun preceded by a preposition is said to be in the genitive case (in Arabic مَجْرُورٌ).

2. In this lesson we also learn the two pronouns: هُــوَ "he, it", and هِــيَ "she, it".

In Arabic all nouns are either masculine or feminine.

A masculine noun is referred to by the pronoun هُوَ whether it denotes a human being, and animal or a thing. e.g.

Where is the boy? — أَيْنَ الْوَلَدُ؟

He is in the mosque. — هُوَ فِي الْمَسْجِدِ.

Where is the book? — أَيْنَ الْكِتَابُ؟

It is on the table. — هُوَ عَلَى الْمَكْتَبِ.

---

[1] The word فِــي has a long «î». But when it is followed by «al» the «î» is shortened because in Arabic long vowels are not followed by a consonant which has no vowel. (fîl   fil).

And a feminine noun is referred to by the pronoun هِـــيَ whether it denotes a human being, an animal or a thing. e.g.

Where is Aminah?	أَيْنَ آمِنَةُ؟
She is in the house.	هِيَ فِي الْبَيْتِ.
Where is the watch?	أَيْنَ السَّاعَةُ؟
It is on the bed.	هِيَ عَلَى السَّرِيرِ.

Most feminine nouns end with a round ta (ة) but there are some which do not have any ending.

Note:

1. We have learnt that the tanwîn is the indefinite article, e.g. بَيْـــتٌ a house. This rule does not apply to proper nouns. So حَـــامِدٌ is just "Hâmid", not "a Hâmid".
2. Feminine proper nouns have no tanwîn, e.g. فاطِمَةُ، زَيْنَبُ، آمِنَةُ

Vocabulary:

أَيْنَ	where	عَلَى	on
غُرْفَةٌ	room	السَّمَاءُ	sky
الحَمَّامُ	bathroom	الفَصْلُ	classroom
الـــمَطْبَخُ	kitchen	اَلْمِرْحَاضُ	toilet
فِي	In		

الدَّرْسُ الْخَامِسُ

LESSON FIVE

سَعِيدٌ : أَكِتَابُ مُحَمَّدٍ هَذَا يَا يَاسِرُ ؟

يَاسِرٌ : لاَ، هَذَا كِتَابُ حَامِدٍ .

سَعِيدٌ : أَيْنَ كِتَابُ مُحَمَّدٍ ؟

يَاسِرٌ : هُوَ تَحْتَ الْمَكْتَبِ هُنَاكَ .

سَعِيدٌ : أَيْنَ دَفْتَرُ عَمَّارٍ؟

يَاسِرٌ : هُوَ عَلَى مَكْتَبِ الْمُدَرِّسِ .

سَعِيدٌ : قَلَمُ مَنْ هَذَا يَا عَلِيُّ ؟

عَلِيٌّ : هَذَا قَلَمُ الْمُدَرِّسِ.

سَعِيدٌ : أَيْنَ حَقِيبَةُ الْمُدَرِّسِ ؟

عَلِيٌّ : هِيَ تَحْتَ الْمَكْتَبِ .

EXERCISES تَمَارِيــــــنُ

(١) أَجِبْ عَنِ الأَسْئِلَةِ الآتِيَـــةِ:

Answer the following questions:

(١) أَيْنَ كِتَابُ مُحَمَّـــدٍ؟

(٢) أَيْنَ كِتَابُ عَمَّـــارٍ؟

(٣) أَيْنَ حَقِيبَةُ الْمُـــدَرِّسِ؟

(٢) أَضِفِ الْكَلِمَةَ الأُولَى إِلَى الثَّانِيَةِ:

Rewrite the two words in each group so that the second word is in the possessive form:

كِتَابٌ ، مُحَمَّدٌ : كِتَابُ مُحَمَّدٍ

مَكْتَبٌ ، الْمُدَرِّسُ : مَكْتَبُ الْمُدَرِّسِ

قَلَمٌ ، حَامِدٌ ....

مِفْتَاحٌ ، الْبَيْتُ ....

بَيْتٌ ، عَبَّاسٌ ....

دُكَّانٌ ، التَّاجِرُ ....

غُرْفَةٌ ، عَلِيٌّ ....

بَيْتٌ ، الْمُهَنْدِسُ ....

دَفْتَرٌ ، سَعِيدٌ ....

اِسْمٌ ، الْوَلَدُ ....

مِنْدِيلٌ ، يَاسِرٌ ....

كِتَابٌ ، اَللهُ ....

قَمِيصٌ ، عَمَّـــارٌ ....

بِنْتٌ ، اَلطَّبِيبُ ....

سَرِيرٌ ، خَالِدٌ ....

مِفْتَاحٌ ، اَلسَّيَّارَةُ ....

(٣) اِقْرَأْ وَاكْتُبْ مَعَ ضَبْطِ أَوَاخِرِ الْكَلِمَاتِ:

Read and write each of the following phrases vocalizing the last letter of both the words:

بَاب الْمَــدْرَسَــة ، حِمَار الرَّجُــل ، بَيْت حَامِد ، سَيَّارَة الْمُــدِير ، مِنْدِيْــل عَمَّـــار، اِسْم الــطَّالِب ، بَيْــت الله ، فِي كِتَــاب الله ، مِنْ بَيْت الْمُدَرِّس ، عَلَى مَكْتَب الْمُدِير .

(٤) اِقْـــرَأْ

Read:

(١) أَيْنَ بَيْتُ الْمُدَرِّسِ ؟ هُوَ بَعِيدٌ .

(٢) اَلْقُرآنُ كِتَابُ اللهِ .

(٣) اَلْكَعْبَةُ بَيْتُ اللهِ .

(٤) مُحَمَّدٌ (صَلَّى اللهُ عَلَيْهِ وَسَلَّمَ) رَسُولُ اللهِ.

(٥) خَرَجَ الْمُدَرِّسُ مِنْ غُرْفَةِ الْمُدِيرِ .

(٦) هَذَا بَيْتُ حَامِدٍ وَذَلِكَ بَيْتُ خَالِدٍ.

(٧) اِبْنُ عَمَّارٍ طَالِبٌ وَابْنُ يَاسِرٍ تَاجِرٌ.

(٨) بَيْتُ الْمُدَرِّسِ بَعِيدٌ وَبَيْتُ التَّاجِرِ قَرِيبٌ .

(٩) هَذَا مِفْتَاحُ السَّيَّارَةِ . أَيْنَ مِفْتَاحُ الْبَيْتِ ؟

(١٠) مَنْ أَنْتَ يَا وَلَدُ ؟ أَنَا ابْنُ عَبَّاسٍ.

(١١) وَابْنُ مَنْ هُوَ ؟ هُوَ ابْنُ خَالِدٍ .

(١٢) أَيْنَ مَسْجِدُ رَسُولِ اللهِ (صَلَّى اللهُ عَلَيْهِ وَسَلَّمَ) ؟

هُوَ فِي الْمَدِينَةِ الْمُنَوَّرَةِ.

(١٣) بِنْتُ حَامِدٍ فِي الْمَدْرَسَةِ وَبِنْتُ مُحَمَّدٍ فِي الْجَامِعَةِ .

(١٤) اِسْمُ الْمُدَرِّسِ سَعِيدٌ وَاسْمُ الْمُهَنْدِسِ خَالِدٌ .

(١٥) عَمُّ الطَّالِبِ غَنِيٌّ .

(١٦) بَابُ الْمَسْجِدِ مَفْتُوحٌ وَبَابُ الْمَدْرَسَةِ مُغْلَقٌ .

(١٧) خَالُ حَامِدٍ فَقِيرٌ .

(١٨) سَيَّارَةُ عَبَّاسٍ فِي الشَّارِعِ.

(١٩) اِبْنُ مَنْ أَنْتَ ؟ أَنَا ابْنُ الْمُدَرِّسِ.

(٢٠) أَيْنَ الْكَلْبُ ؟ هُوَ تَحْتَ السَّيَّارَةِ.

(٥) كَوِّنْ جُمَلاً مُفِيدَةً بِمَلْءِ الْفَرَاغِ فِيمَا يَلِي:

Make sentences by filling in the blanks:

(١) .... الْبَيْتِ مُغْلَقٌ.

(٢) أَيْنَ .... السَّيَّارَةِ ؟

(٣) مُحَمَّدٌ (صَلَّى اللهُ عَلَيْهِ وَسَلَّمَ) رَسُولُ............

(٤) .... الطَّبِيبِ بَعِيدٌ .

(٥) الْقُرآنُ كِتَابُ ....

(٦) خَدِيجَةُ .... حَامِدٍ .

(٧) أَنَا .... الْمُدَرِّسِ.

(٨) .... الطَّالِبِ مَكْسُورٌ.

(٩) بَابُ .... مَفْتُوحٌ .

(١٠) خَرَجَ الْمُدَرِّسُ مِنْ......... الْمُدِيرِ .

(٦) صَحِّحِ التَّرْكِيْبَاتِ التَّالِيَةَ: Correct the following phrases:

القَلَمُ الطَّـــالِبِ .... بابٌ السَّيَّارَةِ ....

بِنْتُ حَامِدٌ .... الرَّسُولُ اللهِ ....

اِسْمُ الْوَلَدَ .... ابنُ الْمُدَرِّسِ ....

(٧) مُحَمَّدٌ : يَا مُحَمَّدُ   أُسْتَاذٌ : يَا أُسْتَاذُ

خَالِدٌ : يَا خَالِدُ   وَلَدٌ : يَا وَلَدُ

اِقْرَأْ وَاكْتُبْ مَعَ ضَبْطِ أَوَاخِرِ الْكَلِمَاتِ:

Read and write each of the following nouns using the correct ending:

يَا عَـــلِيّ . يَا عَـــبَّـــاس . شَـــيْخ . يَا شَيْـــخ . يَا رَجُـــل . يَاسِـــر

يَا عَمَّار . دُكْتُور . يَا دُكْتُور.

(٨) اِقْرَأِ الْمِثَالَ الآتِيَ ثُمَّ كَوِّنْ أسْئِلَةً مِثْلَهُ مُشِيْرًا إِلَى الصُّوَرِ التَّالِيَةِ:

Read the following example, then make similar questions with reference to the following pictures:

كِتَـــابُ مَنْ هَـــذَا؟

؟......................................

؟......................................

؟......................................

؟......................................

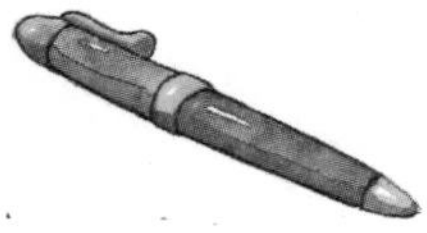

اِسْمٌ : اِسْمُ الْوَلَدِ مُحَمَّدٌ وَاسْمُ الْبِنْتِ زَيْنَبُ.

اِسْمُ الْمُدَرِّسِ حَامِدٌ . مَا اسْمُ الْمُدِيرِ؟

اِبْنٌ : اِبْنُ خَالِدٍ فِي الْمَدْرَسَةِ وَابْنُ حَامِدٍ فِي الْجَامِعَةِ .

اِبْنُ الْمُدَرِّسِ فِي الْفَصْلِ . أَيْنَ ابْنُ الْمُدِيرِ ؟

اِقْرَأْ مَا يَلِي مُرَاعِيًا قَوَاعِدَ نُطْقِ هَمْزَةِ الْوَصْلِ:

Read the following sentences bearing in mind the rule of hamzat-al-wa<u>s</u>l :

(١) اِبْنُ مُحَمَّدٍ فِي الْعِرَاقِ وَابْنُ حَامِدٍ فِي الْهِنْدِ .

(٢) خَرَجَ ابْنُ الطَّبِيبِ مِنَ الْبَيْتِ .

(٣) ذَهَبَ ابْنُ التَّاجِرِ إِلَى السُّوقِ .

(٤) اِسْمُ الْمُهَنْدِسِ فَيْصَلٌ وَاسْمُ الطَّبِيبِ مَسْعُودٌ.

(٥) مَا اسْمُ الرَّجُلِ؟

(٦) اِبْنُ مَنْ أَنْتَ ؟ أَنَا ابْنُ الْوَزِيرِ .

الكلماتُ الجديدةُ: New words:

الرَّسُولُ	الْكَعْبَةُ	الاِسْمُ	الاِبْنُ
الْعَمُّ	الْخَالُ	الْحَقِيبَةُ	السَّيَّارَةُ
الشَّارِعُ	مُغْلَقٌ	تَحْتَ	هُنَاكَ

سَيَّارَةُ	الْمُدَرِّسِ
↓	↓
مُضَافٌ	مُضَافٌ إِلَيْهِ

POINTS TO REMEMBER

In this lesson we learn the following:

1. Bilâl's book (kit âb**u** Bilâl-**i**-n) كِتَابُ بِلاَلٍ

The imâm's house (bait-**u** l-imam-**i**) بَيْتُ الإِمَامِ

In كِتَابُ بِلاَلٍ the first word is the thing possessed.

It is called mu<u>d</u>âf. The second word بِلاَلٍ is the possessor. It is called mu<u>d</u>âf ilaihi.

Note:

a) that the mu<u>d</u>âf takes neither the definite nor the indefinite article. So it is wrong to say كِتَابٌ بِلاَلٍ or الكِتَابُ بِلاَلٍ. The mu<u>d</u>âf is definite by position, and does not need the definite article.

b) the mu<u>d</u>âf ilaihi is in the genitive case. It can have tanwîn as in the first example or اَلْ as in the second example.

بِلاَلٌ	بَيْتُ بِلاَلٍ
Bilâl-**u**-n	bait-**u** Bilâl-**i**-n
الإِمَامُ	بَيْتُ الإِمَامِ
al-imâm-**u**	bait-**u** l-imâm-**i**

c) كِتَابُ مَنْ؟ "whose book?". Note that مَنْ is not in the genitive case because it is indeclinable, i.e. it does not change to indicate its function. There are some indeclinable nouns in Arabic which remain unchanged.

d) عَلَى مَكْتَبِ الْمُدَرِّسِ. Note that مَكْتَبِ is in the genitive case because of the preposition عَلَى and الْمُدَرِّسِ is in the genitive case because it is mu<u>d</u>âf ilaihi.

2. تَحْتَ "under". The noun following تَحْتَ is in the genitive because it is mu<u>d</u>âf ilaihi: تَحْتَ الْمَكْتَبِ، تَحْتَ الْكِتَابِ

3. يَا is a vocative particle. A noun following يَا has only one <u>d</u>ammah:

يا بِلاَلٌ not يا بِلاَلُ، يَا شَيْخُ، يَا أُسْتَاذُ etc.

4. The words اِسْمٌ and اِبْنٌ commence with hamzatu l-wasl. When preceded by a word the initial «i-» is dropped in pronunciation.

اِسْمُ الْوَلَدِ بِلاَلٌ، وَاسْمُ الْبِنْتِ آمِنَةُ.

ism-u l-walad-i bilâl-u-n, wa sm-u l-bint-i âminat-u

اِبْنُ الْمُدَرِّسِ طَبِيبٌ، وَابْنُ الإِمَامِ تَاجِرٌ.

ibn-u l-mudarris-i tabîb-u-n wa bn-u l-imâm-i tâjir-u-n.

aina bn-u hâmid-i-n? أَيْنَ ابْنُ حَامِدٍ؟

Vocabulary:

الرَّسُولُ	The messenger	تَحْتَ	under, beneath
العَمُّ	paternal uncle	الابْنُ	son
الشارِعُ	street	السَّيَّارَةُ	car
الكَعْبَةُ	The Ka'bah	هُنَا	here
الخَالُ	maternal uncle	هُنَاكَ	there
مُغْلَقٌ	closed, shut	البِنْتُ	daughter, girl
الاسْمُ	name	الطَّبِيبُ	doctor
الحَقِيبَةُ	bag, case		

الــدَّرْسُ السَّــادِسُ

LESSON SIX

هَــــــذِهِ

هَذَا ابْنُ حَامِدٍ وَهَذِهِ بِنْتُ يَاسِرٍ .

ابْنُ حَامِدٍ جَالِسٌ وَبِنْتُ يَاسِرٍ وَاقِفَةٌ .

مَنْ هَــــذِهِ ؟

هَذِهِ أُخْتُ الْمُهَنْدِسِ .

أَهِيَ أَيْضًا مُهَنْدِسَةٌ ؟

لا ، هِيَ طَبِيبَةٌ .

لِمَنْ هَذِهِ السَّيَّارَةُ ؟

هَذِهِ سَيَّارَةُ الْمُدِيرِ .

مَا هَــــذِهِ؟

هَــــذِهِ مِكْوَاةٌ .

لِمَنْ هَـــذِهِ ؟

هَذِهِ لِخَالِـــدٍ .

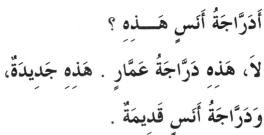

أَدَرَّاجَةُ أَنَسٍ هَـــذِهِ ؟

لاَ ، هَذِهِ دَرَّاجَةُ عَمَّارٍ . هَذِهِ جَدِيدَةٌ،

وَدَرَّاجَةُ أَنَسٍ قَدِيمَةٌ .

هَذِهِ سَاعَةُ عَلِيٍّ . هِيَ جَمِيلَةٌ جِدًّا .

هَذِهِ مِلْعَقَةٌ وَهَذِهِ قِدْرٌ . الْمِلْعَقَةُ فِي الْقِدْرِ.

هَذِهِ بَقَرَةُ الْفَلاَّحِ .

هَذَا أَنْفٌ وَهَذَا فَمٌ .

هَذِهِ أُذُنٌ وَهَذِهِ عَيْنٌ .

وَهَذِهِ يَدٌ وَهَذِهِ رِجْلٌ .

اِقْـــرَأْ وَاكْتُـــبْ READ AND WRITE

(١) هَذَا مَسْجِدٌ وَهَذِهِ مَدْرَسَةٌ .

(٢) مَنْ هَذِهِ ؟ هَذِهِ أُخْتُ عَبَّاسٍ .

(٣) هَذَا دِيكٌ وَهَذِهِ دَجَاجَةٌ .

(٤) هَذَا ابْنُ الْمُدِيرِ وَهَذِهِ بِنْتُ الْمُدَرِّسِ.

(٥) هَذِهِ أُمُّ يَاسِرٍ .

(٦) أَيْنَ قِدْرُ اللَّحْمِ ؟ هِيَ فِي الثَّلاَّجَةِ .

(٧) هَذَا بَابٌ وَهَذِهِ نَافِذَةٌ .

تَمَارِيـــــنُ EXERCISES

(٢) اِقْرَأِ الْمِثَالَ وَكَوِّنْ جُمَلاً عَلَى غِرَارِهِ:

Read the example and make sentences on this pattern:

(١) مُحَمَّدٌ طَالِبٌ . آمِنَةُ طَالِبَـــةٌ .

(٢) حَامِدٌ طَبِيبٌ . فَاطِمَةُ ....

(٣) هُوَ مُسْلِمٌ . هِيَ.................................

(٤) الْبَابُ مُغْلَقٌ . النَّافِذَةُ ....

(٥) الْمِنْدِيلُ وَسِخٌ . الْيَدُ..................................

(٦) الشَّايُ حَارٌّ . الْقَهْوَةُ ....

(٧) الْمَسْجِدُ بَعِيدٌ . الْمَدْرَسَةُ ....

(٨) الطَّالِبُ مَرِيضٌ . الطَّالِبَةُ ....

(٩) الْحِصَانُ سَرِيعٌ . السَّيَّارَةُ ....

(١٠) الْقَمَرُ جَمِيلٌ . الشَّمْسُ ....

(١١) الأَبُ جَالِسٌ . الأُمُّ ....

(٣) صَحِّحِ الْجُمَلَ الآتِيَةَ:

Correct the following sentences:

(١) حَقِيبَةُ مَنْ هَذَا ؟ ....

(٢) الْغُرْفَةُ مَفْتُوحٌ . ...

(٣) هَذَا سَيَّارَةُ الطَّبِيبِ . ...

(٤) هَذِهِ مِفْتَاحُ السَّيَّارَةِ . ...

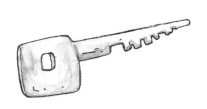

(٥) أَيْنَ الْبَقَرَةُ ؟ هُوَ فِي الشَّارِعِ .

....

(٤) اِقْرَأْ وَاكْتُبْ مَعَ ضَبْطِ أَوَاخِرِ الْكَلِمَاتِ :

Read and write the following sentences vocalizing the last letter of all nouns:

(١) هَذَا لِمُحَمَّد وَذَلِكَ لِحَامِد .

(٢) لِمَنْ هَذِه ؟ هَذِه لِيَاسِر .

(٣) الْحَمْـــــد لله .

(٤) لله الْمَشْرِق وَالْمَغْرِب .

اَلْكَلِمَاتُ الْجَدِيدَةُ: New words:

الْمِكْوَاةُ	الدَّرَّاجَةُ	الْمِلْعَقَةُ	الْقِدْرُ
الْبَقَرَةُ	الفَلاَّحُ	الأَنْفُ	الْفَـمُ
الأُذُنُ	اليَـدُ	الرِّجْـلُ	الشَّايُ
الأُمُّ	الثَّلاَّجَةُ	الْقَهْوَةُ	سَرِيعٌ
النَّـافِذَةُ	جِـدًّا		

POINTS TO REMEMBER

In this lesson we learn:

1. هَــذِه which is the feminine of هَذَا. It is pronounced هَاذِه but the alif is omitted in writing.

This is a boy and this is a girl. هَــذَا وَلَدٌ وَ هَذِه بِنْتٌ.

2. Nouns and adjectives are made feminine by adding a «ة» at the end. The last letter before this (ة) takes a fat<u>h</u>ah (a.)...

مُدَرِّسٌ	مُدَرِّسَةٌ
mudarris-u-n	mudarris-**a**-**t**-u-n
(teacher)	(lady teacher)

Some nouns have a separate form for feminine e.g.,

اِبْنٌ son	بِنْتٌ daughter
أَخٌ brother	أُخْتٌ sister

All nouns in Arabic are either masculine or feminine. Feminine nouns and adjectives usually have the ة-ending. But there are some words which do not have this ending. Students when learning a new noun must learn its gender also.

Double members of the body are usually feminine while single members are masculine, e.g.

<u>Feminine</u>	<u>Masculine</u>
يَدٌ hand	رَأْسٌ head
رِجْلٌ leg	أَنْفٌ nose
عَيْنٌ eye	فَمٌ mouth
أُذُنٌ earth	وَجْهٌ face

3. لِ is a preposition meaning "belongs to, for" e.g.,

This belongs to Bilâl and that belongs to Hâmid. هَذَا لِبِلَالٍ، وَذَلِكَ لِحَامِدٍ.

Praise belongs to Allâh الحَمدُ لِلّهِ.

Note that the word اللّٰهُ becomes لِلّهِ lillah-i (belonging to Allâh) by just droppoing the alif. No lâm need to be added to the word.

لِمَنْ means "whose" or "belonging to whom" e.g.,

Whose is this? Whom does this belong to? لِمَنْ هَذَا؟

Whose is the book? لِمَنِ الْكِتَابُ؟

Note that مَنْ becomes مَنِ when followed by اَلْ

4. أَيْضاً means "also", e.g.

This is beautiful, هَذَا جَمِيلٌ،

and that is also beautiful. وَذَلِكَ أَيْضاً جَمِيلٌ.

5. جِداً means "very", e.g.

This is very big. هَذَا كَبِيرٌ جِداً.

الدَّرْسُ السَّابِعُ

LESSON SEVEN

مَنْ هَـــذِه؟

هَذِهِ آمِنَـــةُ.

وَمَنْ تِلْـــكَ؟

تِلْكَ فَاطِمَـــةُ .

هَذِهِ طَبِيبَةٌ وَتِلْكَ مُمَرِّضَةٌ .

هَذِهِ مِنَ الْهِنْدِ وَتِلْكَ مِنَ الْيَابَان .

هَذِهِ طَوِيْلَةٌ وَتِلْكَ قَصِيْرَةٌ .

مَنْ هَـــذَا؟

هَذَا حَامِـــدٌ.

وَمَنْ ذَلِـــكَ؟

ذَلِكَ عَلِـــيٌّ.

أَتِلْكَ دَجَاجَـــةٌ؟

لاَ، تِلْكَ بَطَّـــةٌ.

مَا تِلْكَ؟

تِلْكَ بَيْضَةٌ.

هَذِهِ سَيَّارَةُ الْمُدَرِّسِ وَتِلْكَ سَيَّارَةُ الْمُدِيرِ.

أَسَاعَةُ عَبَّاسٍ هَذِهِ؟

لاَ، هَذِهِ سَاعَةُ حَامِدٍ ، تِلْكَ سَاعَةُ عَبَّاسٍ.

ذَلِكَ دِيكٌ وَتِلْكَ دَجَاجَةٌ .

تَمَارِينُ EXERCISES

(١) اِقْرَأْ وَاكْتُبْ: Read and write:

(١) هَذِهِ مَدْرَسَةٌ وَتِلْكَ جَامِعَةٌ .

(٢) ذَلِكَ حِمَارٌ وَتِلْكَ بَقَرَةٌ .

(٣) أَذَلِكَ مَسْجِدٌ ؟ لاَ، تِلْكَ مَدْرَسَةٌ.

(٤) هَذَا جَمَلٌ وَتِلْكَ نَاقَةٌ .

(٥) هَذِهِ مُدَرِّسَةٌ وَتِلْكَ طَالِبَةٌ.

(٦) هَذَا كَلْبٌ وَذَلِكَ قِطٌّ .

(٧) هَذَا بَيْتُ الْمُؤَذِّنِ وَتِلْكَ حَدِيقَةُ التَّاجِرِ.

(٢) أَشِرْ إِلَى الْكَلِمَاتِ الآتِيَة باسْمِ إِشَارَة لِلْقَرِيب (هَذَا ، هَذِه):

Fill in the blank in each of the following sentences with هَذَا or هَذِه:

(١) .... أُمٌّ.

(٢) .... أَبٌ.

(٣) .... قَلَمٌ.

(٤) .... مِلْعَقَةٌ.

(٥) .... عَيْنٌ.

(٦) .... حَجَرٌ.

(٧) .... قَمِيصٌ.

(٨) .... قِدْرٌ.

(٩) .... نَافِذَةٌ.

(١٠) .... بَقَرَةٌ.

(١١) .... مَكْتَبٌ.

(١٢) .... نَاقَةٌ.

(١٣) .... مُهَنْدِسٌ.

(١٤) .... مُؤَذِّنٌ.

(١٥) .... مُمَرِّضَةٌ.

(١٦) .... سَرِيْرٌ.

(١٧) .... حَدِيْقَةٌ.

(١٨) .... طَالِبَةٌ.

(١٩) .... جَمَلٌ.

(٢٠) .... بَطَّةٌ.

(٣) أَشِرْ إِلَى الْكَلِمَاتِ الْوَارِدَةِ فِي التَّمْرِيْنِ الثَّانِي بِاسْمِ إِشَارَةٍ لِلْبَعِيد (ذَلِكَ ، تِلْكَ)

Fill in the blank in each of the sentences in Exercise 2 with ذَلِكَ or تِلْكَ:

New words:		اَلْكَلِمَاتُ الْجَدِيْدَةُ:
الْبَطَّـــــةُ	اَلحَدِيْقَــةُ	اَلْمُمَرِّضَــةُ
اَلبَيْضَــةُ	النَّاقَـــةُ	اَلْمُـؤَذِّنُ

أَسْمَـــاءُ الإِشَارَةِ لِلْبَعِيْدِ	أَسْمَـــاءُ الإِشَارَةِ لِلْقَرِيْبِ
ذَلِكَ حَـــامِدٌ	هَـــذَا مُحَمَّـــدٌ
تِلْكَ زَيْنَـــبُ	هَذِهِ آمِنَـــةُ

POINTS TO REMEMBER

In this lesson we learn تِلْكَ which is the feminine of ذَلِكَ "that" e.g.,

This is Bilâl and that is Hâmid. هَذَا بِلاَلٌ، وَذَلِكَ حَامِدٌ.

This is Aminah and that is Maryam. هَذِهِ آمِنَةُ، وَتِلْكَ مَرْيَمُ.

Vocabulary:

النَّاقَةُ	she-camel	البَيْضَةُ	egg
البَطَّةُ	duck	الْمُؤَذِّنُ	mu 'adhdhin
الْمُمَرِّضَةُ	nurse	الدَّجَاجَةُ	hen

الــدَّرْسُ الثَّامِــنُ

LESSON EIGHT

هَذَا الرَّجُلُ تَاجِرٌ وَذَلِكَ الرَّجُلُ طَبِيبٌ.

اِسْمُ التَّاجِرِ مَحْمُودٌ وَاسْمُ الطَّبِيبِ سَعِيدٌ.

هَذَا الْبَيْتُ لِلتَّاجِرِ وَذَلِكَ الْبَيْتُ لِلطَّبِيبِ.

بَيْتُ التَّاجِرِ أَمَامَ الْمَسْجِدِ وَبَيْتُ الطَّبِيبِ خَلْفَ الْمَدْرَسَةِ.

لِمَنْ هَذِهِ السَّيَّارَةُ، وَلِمَنْ تِلْكَ ؟

هَذِهِ السَّيَّارَةُ لِلطَّبِيبِ، وَتِلْكَ لِلتَّاجِرِ .

هَذِهِ السَّيَّارَةُ مِنَ الْيَابَانِ، وَتِلْكَ مِنْ أَمْرِيكَا .

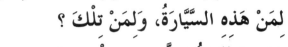

تَمَارِيــنُ   EXERCISES

(١) أَجِبْ عَنِ الأَسْئِلَةِ الآتِيَــةِ:

Answer the following questions:

(١) مَنْ هَذَا الرَّجُلُ وَ مَنْ ذَلِكَ الرَّجُلُ؟

(٢) مَا اسْمُ التَّاجِرِ؟

(٣) مَا اسْمُ الطَّبِيبِ؟

(٤) مِنْ أَيْنَ سَيَّارَةُ الطَّبِيبِ؟

(٥) مِنْ أَيْنَ سَيَّارَةُ التَّاجِرِ؟

(٦) أَيْنَ بَيْتُ التَّاجِرِ؟

(٧) أَيْنَ بَيْتُ الطَّبِيبِ ؟

Read and write:

(٢) اِقْرَأْ وَاكْتُبْ:

(١) هَذَا الْوَلَدُ خَالِدٌ، وَذَلِكَ الْوَلَدُ مُحَمَّدٌ .

(٢) هَذَا الرَّجُلُ مُدَرِّسٌ، وَذَلِكَ الرَّجُلُ مُهَنْدِسٌ .

(٣) هَذَا الْكِتَابُ جَدِيدٌ، وَذَلِكَ الْكِتَابُ قَدِيمٌ

(٤) هَذِهِ السَّيَّارَةُ لِعَلِيٍّ، وَتِلْكَ لِخَالِدٍ .

(٥) هَذَا الْبَابُ مَفْتُوحٌ، وَذَلِكَ الْبَابُ مُغْلَقٌ .

(٦) لِمَنْ هَذِهِ السَّاعَةُ ؟ هِيَ لِعَبَّاسٍ.

(٧) أَهَذَا الْبَيْتُ لِلطَّبِيبِ ؟ لاَ ، هُوَ لِلْمُدَرِّسِ .

(٨) أَهَذِهِ الدَّرَّاجَةُ لابْنِ الْمُؤَذِّنِ؟ نَعَمْ .

(٩) مَنْ هَذَا الْوَلَدُ ؟ هُوَ طَالِبٌ مِنَ الْعِرَاقِ.

(١٠) أَذَلِكَ الْبَيْتُ جَدِيدٌ ؟ لاَ، هُوَ قَدِيمٌ جِدًّا .

(١١) هَذِهِ السَّيَّارَةُ مِنَ الْيَابَانِ، وَتِلْكَ مِنْ سُوِيسْرَا .

(١٢) هَذَا السِّكِّينُ مِنْ أَلْمَانيا، وَتِلْكَ الْمِلْعَقَةُ مِنْ إِنْكِلْتَرَّا .

(٣) اِقْرَأْ الْمِثَالَ الآتِي ثُمَّ حَوِّلْ الْجُمَلَ الآتِيَةَ مِثْلَهُ:

Read the example then change the following sentences on its pattern:

مِثَال: هَذَا كِتَابٌ . — هَذَا الْكِتَابُ لِمُحَمَّدٍ.

(١) هَذَا طَبِيبٌ . — .... مِنَ الْهِنْدِ.

(٢) هَذِهِ سَيَّارَةٌ . — .... لِلْمُدِيرِ.

(٣) ذَلِكَ وَلَدٌ .... اِبنُ الْمُدَرِّسِ

(٤) تِلْكَ سَاعَةٌ . ... مِنْ سُوِيسْرَا .

(٥) هَذَا قَلَمٌ . ... لِعَبَّاسٍ .

(٦) ذَلِكَ رَجُلٌ . ... مُؤَذِّنٌ .

(٧) هَذِهِ بَيْضَةٌ. .... كَبِيرَةٌ .

(٨) هَذَا مِنْدِيلٌ . ... وَسِخٌ .

(٩) هَذِهِ حَقِيبَةٌ . ... لِلْمُدَرِّسِ.

(٤) اقْرَأ الْمِثَالَ الآتِي ثُمَّ كَوِّنْ أسْئِلَةً وَ أَجْوِبَةً مِثْلَهُ:

Read the following example, then make questions and answers on its pattern:

مثال : لِمَنْ هَذَا الْكِتَابُ؟

هَذَا الْكِتَابُ لِمُحَمَّدٍ.

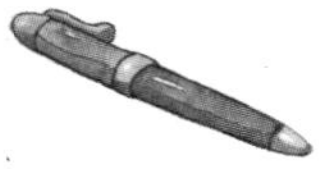

(١) ....

.... (عَبَّاسٌ)

(٢) ....

.... (عَلِيٌّ)

(٣) ....

.... (الْمُدِيرُ)

(٤) .... (اَلْفَلاَّحُ)

(٥) ....

.... (اَلْمُدَرِّسُ)

(٦) ....

.... (عَمَّارٌ)

(٧) ....

.... (بِنْتُ الْفَلاَّحِ)

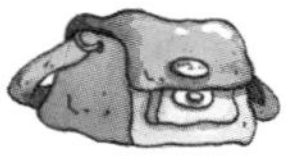

(٨) ....(ابْنُ الْمُدِيرِ)

(٩) ....(اَلطَّبِيْبُ)

(١٠) ....(اَلطَّالِبُ)

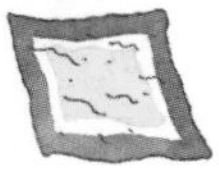

(٥) تَأَمَّلْ الأَمْثِلَةَ الآتِيَـــةَ:

Read carefully the following examples:

الْبَيْتُ	فِي الْبَيْت	مِنَ الْبَيْت	إِلَى الْبَيْت
الْمُسْتَشْفَى	فِي الْمُسْتَشْفَى	مِنَ الْمُسْتَشْفَى	إِلَى الْمُسْتَشْفَى
أَمرِيكَا	فِي أمرِيكَا	مِنْ أَمرِيكَا	إِلَى أمرِيكَا
أَلْمَانِيَا	فِي أَلْمَانِيَا	مِنْ أَلْمَانِيَا	إِلَى أَلْمَانِيَا

اِقْرَأْ وَاكْتُـــبْ:

Read and write:

هَذَا الطَّبِيبُ مِنْ إِنْكَلْتَرَا.

ذَهَبَ حَامِدٌ إِلَى فِرَنْسَا.

مُحْمُودٌ مَرِيْضٌ . هُوَ الآنَ فِي الْمُسْتَشْفَى.

ذَهَبَ عَبْدُ اللهِ مِنْ أَلْمَانِيَا إِلَى إِنْكَلْتَرَا.

هَذَا الْكِتَابُ لِعِيسَى، وَذَلِكَ الْكِتَابُ لِمُوسَى.

هَذَا الْمُهَنْدِسُ مِنْ أمرِيكَا.

الْمُسْتَشْفَى.

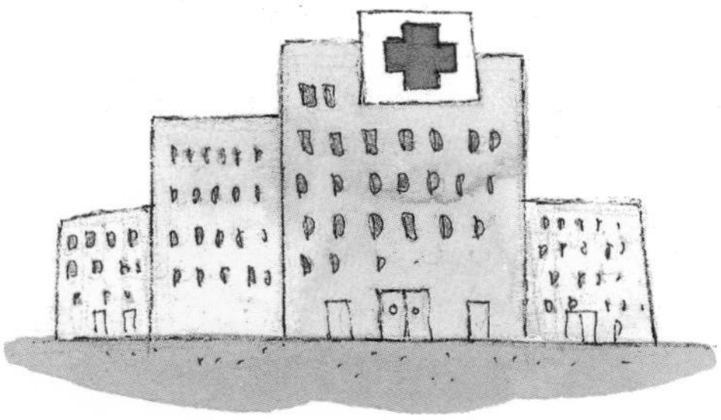

Read: اِقْرَأْ:

(١) السَّبُّورَةُ أَمَامَ الطَّالِبِ، وَهِيَ خَلْفَ الْمُدَرِّسِ.

(٢) أَيْنَ سَيَّارَةُ الْمُدَرِّسِ؟ هِيَ أَمَامَ الْمَدْرَسَةِ.

(٣) أَيْنَ بَيْتُ الإِمَامِ؟ بَيْتُ الإِمَامِ خَلْفَ الْمَسْجِدِ.

(٤) أَيْنَ جَلَسَ حَامِدٌ؟ جَلَسَ خَلْفَ مَحْمُودٍ.

(٥) ذَهَبَ عَمَّارٌ إِلَى الْمَسْجِدِ وَجَلَسَ أَمَامَ الْمِحْرَابِ.

POINTS TO REMEMBER

In this lesson we learn:

1. How to say "this book" in Arabic. We have seen that هَـٰذَا كِتَابٌ means "this is a book". Now we learn that هَذَا الْكِتَابُ means "this book". This is not a sentence. To make it a sentence we must add a predicate e.g., "this book is new" هَذَا الْكِتَابُ جَدِيدٌ.

All demonstrative pronouns can be used to make this construction, e.g.,

That man is an engineer.	ذَلِكَ الرَّجُلُ مُهَنْدِسٌ.
This watch is beautiful.	هَذِهِ السَّاعَةُ جَمِيلَةٌ.
That nurse is from Japan.	تِلْكَ الْمُمَرِّضَةُ مِنَ الْيَابَانِ.

2. We have seen that the normal ending of a noun is «-u», and it changes to «-i» after prepositions, and when the noun is a possessor, e.g.

The house is beautiful.	الْبَيْتُ جَمِيلٌ.
Bilâl is in the house.	بِلَالٌ فِي الْبَيْتِ.
This is the key of the house.	هَذَا مِفْتَاحُ الْبَيْتِ.

Nouns ending in long «-â » have no endings. They remain unchanged, e.g.,

This is America	هَذِهِ أَمْرِيكَا.
I am from America	أَنَا مِنْ أَمْرِيكَا.
He is the president of America	هُوَ رَئِيسُ أَمْرِيكَا.

3. خَلْفَ "behind", أَمَامَ "in front of". The noun after these have «-i» ending e.g.

The house is behind the mosque.	الْبَيْتُ خَلْفَ الْمَسْجِدِ.
Hâmid is in front of the teacher.	حَامِدٌ أَمَامَ الْمُدَرِّسِ.

Hâmid is in front of the teacher. حَامِدٌ أَمَامَ الْمُدَرِّسِ.

4. جَلَسَ means "he sat".

Where did Muhammad sit?	أَيْنَ جَلَسَ مُحَمَّدٌ؟
He sat in front of the teacher.	جَلَسَ أَمَامَ الْمُدَرِّسِ.

Vocabulary:

أَمْرِيكَا	America	السِّكِّينُ	knife
مُغْلَقٌ	closed	أَلْمَانِيَا	Germany
العِرَاقُ	Iraq	إِنْكِلْتَرَا	England
سُوِيسْرَا	Switzerland	الْمُسْتَشْفَى	hospital

Note that the final ى which is pronounced alif has no dots. So فِي is *fi*, and عَلَى is *'alâ*.

الـــدَّرْسُ التَّـــاسِـــعُ

LESSON NINE

(أ)

مَنْ هَذَا الرَّجُلُ ؟

هُوَ عَبَّاسٌ.

عَبَّاسٌ تَاجِرٌ .

عَبَّاسٌ تَاجِرٌ غَنِيٌّ .

حَامِدٌ مُدَرِّسٌ .

حَامِدٌ مُدَرِّسٌ جَدِيدٌ .

مَا هَـــذَا ؟

هَذَا تُفَّـــاحٌ .

اَلتُّفَّاحُ فَاكِهَةٌ لَذِيذَةٌ .

مَا ذَلِـــكَ ؟

ذَلِكَ عُصْفُورٌ.

اَلْعُصْفُورُ طَائِرٌ صَغِيرٌ.

اَلْعَرَبِيَّةُ لُغَةٌ سَهْلَةٌ .

اَلْعَرَبِيَّةُ لُغَةٌ جَمِيلَةٌ .

عَمَّارٌ طَالِبٌ مُجْتَهِدٌ ، وَمَحْمُودٌ طَالِبٌ كَسْلَانٌ.

مَنْ أَنْتَ ؟

أَنَا طَالِبٌ.

أَأَنْتَ طَالِبٌ جَدِيْدٌ ؟

نَعَمْ . أَنَا طَالِبٌ جَدِيْدٌ .

تَمَارِيـــــنُ EXERCISES

(ا) اِقْرَأْ وَاكْتُبْ: Read and write:

(١) مُحَمَّدٌ طَالِبٌ قَدِيمٌ .

(٢) أَذَلِكَ الرَّجُـــلُ مُدَرِّسٌ جَدِيدٌ؟ لاَ . هُوَ طَبِيبٌ جَدِيدٌ .

(٣) هَذَا دَرْسٌ سَهْلٌ . (٤) عَبَّاسٌ تَاجِرٌ شَهِيرٌ.

(٥) بِلَالٌ مُهَنْدِسٌ كَبِيرٌ . (٦) الإِنْكِلِيْزِيَّةُ لُغَةٌ صَعْبَةٌ .

(٧) أَأَنْتَ رَجُلٌ غَنِيٌّ ؟ لاَ . أَنَا رَجُلٌ فَقِيرٌ .

(٨) أَأَنْتَ مُدَرِّسٌ قَدِيمٌ ؟ لاَ. أَنَا مُدَرِّسٌ جَدِيدٌ.

(٩) أَحَامِدٌ طَالِبٌ كَسْلَانٌ؟ لاَ. هُوَ طَالِبٌ مُجْتَهِدٌ .

(١٠) الْقَاهِرَةُ مَدِينَةٌ كَبِيرَةٌ .

(٢) ضَعْ فِي الْفَرَاغِ فِي الْجُمَلِ الآتِيَةِ نَعْتًا مُنَاسِبًا:

Fill in the blank in each of the following sentences with a suitable adjective:

(١) خَدِيجَةُ طَالِبَةٌ ....
(٢) خَالِدٌ تَاجِرٌ ....

(٣) اَلْعَرَبِيَّةُ لُغَةٌ ....
(٤) اَلْعُصْفُورُ طَائِرٌ ....

(٥) التُّفَّاحُ فَاكِهَةٌ ....
(٦) أَنَا مُدَرِّسٌ ....

(٧) مُحَمَّدٌ طَبِيبٌ ....
(٨) الإِنْكِلِيزِيَّةُ لُغَةٌ ....

(٩) أَأَنْتَ طَالِبٌ ....
(١٠) الْقَاهِرَةُ مَدِينَةٌ ....

(٣) ضَعْ فِي الْمَكَانِ الْخَالِي فِي الْجُمَلِ الآتِيَـةِ مَنْعُوتًا مُنَاسِبًا:

Fill in the blank in each of the following sentences with a suitable مَنْعُوت:

(١) اَلْعَرَبِيَّةُ ....سَهْلَةٌ.
(٢) أَنَا ....قَدِيمٌ.

(٣) عَمَّارٌ .... غَنِيٌّ.
(٤) هَذَا .... مَكْسُورٌ.

(٥) فَيْصَلٌ .... كَسْلاَنُ.

(٤) اِقْـرَأْ: Read :

كَسْلاَنُ . جَوْعَانُ . عَطْشَانُ . مَلآنُ .

(١) أَنَا جَوْعَانُ.
(٢) أَأَنْتَ جَوْعَانُ ؟ لاَ، أَنَا عَطْشَانُ .

(٣) لِمَاذَا الْمُدَرِّسُ غَضْبَانُ الْيَومَ ؟
(٤) اَلْكُـوبُ مَلآنُ .

اَلْكَلِمَاتُ الْجَدِيدَةُ: New words:

اللُّغَـةُ	شَهِيرٌ	اَلْمَدِينَـةُ
الطَّـائِرُ	الْيَـومُ	كَسْلاَنُ
جَوْعَـانُ	عَطْشَـانُ	مَـلآنُ
غَضْبَـانُ	اَلْعُصْفُـورُ	اَلْيَوْمَ

(ب)

أَيْنَ الْمُدَرِّسُ؟

هُوَ فِي الْفَصْلِ .

وَأَيْنَ الْمُدَرِّسُ الْجَدِيدُ ؟

هُوَ عِنْدَ الْمُدِيرِ .

أَيْنَ الطَّالِبُ الْجَدِيدُ ؟

ذَهَبَ إِلَى الْمَكْتَبَةِ.

مَنْ ذَلِكَ الرَّجُلُ الطَّوِيلُ الَّذِي خَرَجَ الآنَ مِنَ الْمَدْرَسَةِ؟

هُوَ الْمُدِيرُ الْجَدِيدُ.

وَمَنِ الْوَلَدُ الصَّغِيرُ الَّذِي خَرَجَ الآنَ مِنَ الْفَصْلِ؟

هُوَ ابْنُ الْمُدِيرِ الْجَدِيدِ.

لِمَنْ تِلْكَ السَّيَّارَةُ الْجَمِيلَةُ ؟

هِيَ لِلْمُدِيرِ الْجَدِيدِ.

لِمَنْ هَذَا الْكِتَابُ الْكَبِيرُ؟ أَهُوَ لِلْمُدَرِّسِ؟

لَا، هُوَ لِلطَّالِبَةِ الصَّغِيرَةِ.

أَيْنَ الْمِلْعَقَةُ الصَّغِيرَةُ؟

هِيَ فِي الْكُوبِ.

أَيْنَ الْكُرْسِيُّ الْمَكْسُورُ؟

هُوَ هُنَاكَ.

EXERCISE   تَمْرِينٌ

Read and write: (١) اِقْرَأْ وَاكْتُبْ:

(١) الطَّبِيبُ الْجَدِيدُ فِي الْمُسْتَشْفَى وَالطَّبِيبُ الْقَدِيمُ فِي الْمُسْتَوْصَفِ.

(٢) الْقَلَمُ الْمَكْسُورُ عَلَى الْمَكْتَبِ.

(٣) الْمِرْوَحَةُ الْجَدِيدَةُ فِي الْغُرْفَةِ الْكَبِيرَةِ.

(٤) اللُّغَةُ الْعَرَبِيَّةُ سَهْلَةٌ.

(٥) الْوَلَدُ الطَّوِيلُ الَّذِي خَرَجَ مِنَ الْفَصْلِ الْآنَ طَالِبٌ مِنَ الْكُوَيتِ.

(٦) أَنَا فِي الْمَدْرَسَةِ الثَّانَوِيَّةِ.

(٧) ذَهَبَ الرَّجُلُ الْفَقِيرُ إِلَى الْوَزِيرِ.

(٨) جَلَسَ الطَّالِبُ الْجَدِيدُ خَلْفَ حَامِدٍ.

(٩) السِّكِّينُ الْكَبِيرُ حَادٌّ جِدًّا.

الْمِرْوَحَةُ

66

(١٠) من هذا الولد القصير؟ هو ابن المدرس الجديد.

(٢) امْلأ في الْفَرَاغِ فِيمَا يَلِي بِالنَّعْتِ الَّذِي بَيْنَ قَوسَيْنِ بَعْدَ تَحْلِيَتِهِ بِـ اَلْ عِنْدَ اللُّزُومِ.

Fill in the blank in each of the following sentences with the adjective given in brackets. Add ال if necessary:

(١) أَيْنَ الْمُدَرِّسُ ....؟ (جَدِيدٌ)

(٢) التَّاجِرُ.................................في السُّوقِ. (كَبِيرٌ)

(٣) أَنَا طَالِبٌ......................... (قَدِيمٌ).

(٤) جَلَسَ الطَّالِبُ..........................خَلْفَ مُحَمَّدٍ. (جَدِيدٌ)

(٥) مَنِ الْوَلَدُ.............................الَّذِي خَرَجَ مِنَ الْفَصْلِ؟ (طَوِيلٌ)

(٦) عَمَّارٌ وَلَدٌ......................... (قَصِيرٌ)

(٧) فَيْصَلٌ طَبِيبٌ......................... (شَهِيرٌ)

(٨) لِمَنْ هَذَا السَّرِيرُ......................؟ (مَكْسُورٌ)

(٩) هَذَا قَلَمٌ............................ (مَكْسُورٌ)

(١٠) أَيْنَ السِّكِّينُ.......................؟ (حَــــادٌّ)

(١١) لِمَنْ هَذِهِ السَّيَّارَةُ ....؟ (جَمِيلَةٌ)

(٣) اِقْـــرَأْ   Read:

(١) الطَّالِبُ الَّذِي خَرَجَ مِنَ الْفَصْلِ الآنَ مِنْ إِنْدُونِيسِيَا.

(٢) الْكِتَابُ الَّذِي عَلَى الْمَكْتَبِ لِلْمُدَرِّسِ.

(٣) لِمَنْ هَذَا الْقَلَمُ الْجَمِيلُ الَّذِي عَلَى الْمَكْتَبِ.

(٤) اَلْبَيْتُ الْكَبِيرُ الَّذِي فِي ذَلِكَ الشَّارِعِ لِلْوَزِيرِ.

(٥) السَّرِيرُ الَّذِي فِي غُرْفَةِ خَالِدٍ مَكْسُورٌ.

(٤) اِقْرَأِ الْمِثَالَ، ثُمَّ كَوِّنْ جُمَلاً عَلَى غِرَارِه:

Read the example, then make sentences on its pattern:

اَلْكِتَابُ الَّذِي عَلَى الْمَكْتَبِ كَبِيرٌ.   اَلْكِتَابُ الَّذِي عَلَى الْكُرْسِيِّ صَغِيرٌ.

(١) ....

(٢) ....

(٣) .... مُدَرِّسٌ جَدِيدٌ

(٤) .... لِبِنْتِ الْفَلَّاحِ.

(٥) .... اَبْنُ الإِمَامِ.

بَيْتٌ	جَـــدِيدٌ
↓	↓
مَنْعُوتٌ	نَعْتٌ

POINTS TO REMEMBER

Part A

In this lesson we learn:

1. The adjective in Arabic. The adjective in Arabic follows the noun it qualifies, i.e. unlike in English it comes after the noun, e.g.,

A new house	بَيْتٌ جَدِيدٌ

In Arabic the adjective is called *na't* (نَعْتٌ), and the noun it qualifies is called *man'ût* (مَنْعُوتٌ). The adjective is in agreement with the noun in the following matters:

a) Gender. The adjective of a masculine noun is masculine, and that of a feminine noun is feminine, e.g.,

وَلَدٌ صَغِيرٌ a small boy	بِنْتٌ صَغِيرَةٌ a small girl
كِتَابٌ جَدِيدٌ a new book	سَيَّارَةٌ جَدِيدَةٌ a new car

b) Being definite or indefinite. If the noun is definite the adjective is also definite. And if the noun is indefinite so also is the adjective, e.g.,

Bilâl is a new teacher.	بِلَالٌ مُدَرِّسٌ جَدِيدٌ.
The new teacher is in the class.	الْــمُدَرِّسُ الْجَدِيدُ فِي الْفَصْلِ.

c) Case. The adjective is in the same case as the *man'ût*, e.g.,

This is a new house. (bait-**u**-n jadid-**u**-n)	هَذَا بَيْتٌ جَدِيدٌ
I am in a new house. (fi bait-**i**-n jadid-**i**-n)	أَنَا فِي بَيْتٍ جَدِيدٍ
The new house is beautiful. (al-bait-**u** l-jadid-**u**)	الْبَيْتُ الْجَدِيدُ جَمِيلٌ.
Who is in the new house? (fi l-bait-**i** l-jadid-**i**)	مَنْ فِي الْبَيْتِ الْجَدِيدِ؟

2. Adjectives ending in «-ân» have no tanwîn, e.g.

كَسلاَنُ kaslân-u (lazy)

جَوْعَانُ jau'ânu (hungry)

عَطْشَانُ 'atshân-u (thirsty)

غَضْبَانُ ghadbân-u (angry)

مَلآنُ mal'ân-u (full)

Vocabulary:

الفَاكِهة	fruit	الإِنْكلِيزِيَّةُ	English (language)
العُصْفُورُ	sparrow	صَعْبٌ	difficult
الطَّائِرُ	bird	المَدِينَةُ	city
العَرَبِيَّةُ	Arabic	القَاهِرَةُ	Cairo
اللُّغَةُ	language	اليَوْمَ	today
سَهْلٌ	easy	لِمَاذَا	why
مُجْتَهِدٌ	hardworking	الكُوبُ	cup
شَهِيرٌ	famous		

Part B

In this part we learn:

1. Adjective qualifying a definite noun, e.g.,

   where is the new teacher أَيْنَ الْمُدَرِّسُ الْجَدِيدُ؟

2. Relative pronoun الَّذِي. If it refers to a human being it is to be translated "who", and if it refers to an animal or a thing "which", e.g.

   الرَّجُلُ الَّذِي خَرَجَ مِنَ الْمَسْجِدِ الآنَ تَاجِرٌ شَهِيرٌ.

The man who went out of the mosque just now is a famous merchant.

$$\text{الْبَيْتُ الَّذِي أَمَامَ الْمَسْجِدِ لِلْإِمَامِ.}$$

The house which is in front of the mosque belongs to the imam.

3. Note that when لِ is used with a noun having اَلْ, the alif of اَلْ is omitted:

الْإِمَامُ   لِلْإِمَامِ

الْمُدَرِّسُ   لِلْمُدَرِّسِ

4. عِنْدَ "with". The noun following it has «-i» ending e.g.,

The teacher is with the headmaster.   الْمُدَرِّسُ عِنْدَ الْمُدِيرِ.

Vocabulary:

الْمَكْتَبَةُ	library	الْمَدْرَسَةُ الثَّانَوِيَّة	secondary school
الآنَ	now, just now	الوَزِيرُ	minister
هُنَاكَ	there	حَادٌّ	sharp
الْمُسْتَوْصَفُ	clinic, small hospital	السُّوقُ	market
الْمِرْوَحَةُ	fan	إِنْدُونِيسِيَا	Indonesia
الْكُوَيْتُ	Kuwait	الشَّارِعُ	street

71

الــدَّرْسُ الْعَاشِــرُ

LESSON TEN

حَامِدٌ : مَنْ أَنْتَ؟

مُحَمَّدٌ : أَنَا طَالِبٌ بِالْجَامِعَةِ.

حَامِدٌ : أَأَنْتَ طَالِبٌ جَدِيدٌ؟

مُحَمَّدٌ : نَعَم ، أَنَا طَالِبٌ جَدِيدٌ.

حَامِدٌ : مِنْ أَيْنَ أَنْتَ؟

مُحَمَّدٌ : أَنَا مِنَ الْهِنْدِ.

حَامِدٌ : مَا اسْمُكَ ؟

مُحَمَّدٌ : اِسْمِي مُحَمَّدٌ.

حَامِدٌ: وَمَنْ هَذَا الْفَتَى الَّذِي مَعَكَ؟

مُحَمَّدٌ : هُوَ زَمِيلِي.

حَامِدٌ : أَهُوَ أَيْضًا مِن الْهِنْدِ؟

مُحَمَّدٌ : لاَ ، هُوَ مِنَ الْيَابَانِ.

حَامِدٌ : مَا اسْمُهُ؟

مُحَمَّدٌ : اِسْمُهُ حَمْزَةُ.

حَامِدٌ : مَا لُغَتُكَ يَا مُحَمَّدُ ؟

مُحَمَّدٌ : لُغَتِي الأُرْدِيَّةُ.

حَامِدٌ : أَهِيَ لُغَةٌ سَهْلَةٌ؟

مُحَمَّدٌ : نَعَمْ. هِيَ لُغَةٌ سَهْلَةٌ .

حَامِدٌ : وَحَمْزَةُ ، مَا لُغَتُهُ ؟

مُحَمَّدٌ : لُغَتُهُ الْيَابَانِيَّةُ ، وَهِيَ لُغَةٌ صَعْبَةٌ .

حَامِدٌ : أَيْنَ أَبُوكَ يَا مُحَمَّدُ؟

مُحَمَّدٌ : أَبِي فِي الْكُوَيتِ. هُوَ طَبِيبٌ شَهِيرٌ .

حَامِدٌ : وَأَيْنَ أُمُّكَ ؟

مُحَمَّدٌ: هِيَ أَيْضًا فِي الْكُوَيْتِ مَعَ أَبِي . هِيَ مُدَرِّسَةٌ هُنَاكَ .

حَامِدٌ : أَذَهَبْتَ إِلَى الْكُوَيتِ يَا مُحَمَّدُ ؟

مُحَمَّدٌ : نَعَمَ . ذَهَبْتُ .

حَامِدٌ : وَزَمِيْلُكَ ، أَيْنَ أَبُوهُ؟

مُحَمَّدٌ :أَبُوهُ فِي الْيَابَانِ. هُوَ تَاجِرٌ كَبِيرٌ .

حامد : أَلَكَ أَخٌ يَا مُحَمَّدُ ؟

مُحَمَّدٌ : نَعَمْ. لِي أَخٌ وَاحِدٌ، اِسْمُهُ أُسَامَةُ ، وَهُوَ مَعِي هُنَا فِي الْمَدِينَةِ الْمُنَوَّرَةِ.
وَلِي أُخْتٌ وَاحِدَةٌ اِسْمُهَا زَيْنَبُ ، وَهِيَ فِي الْعِرَاقِ مَعَ زَوْجِهَا.زَوْجُهَا مُهَنْدِسٌ.

حَامِدٌ : أَعِنْدَكَ سَيَّارَةٌ يَا أَخِي ؟

مُحَمَّدٌ : لَا، مَا عِنْدِي سَيَّارَةٌ . عِنْدِي دَرَّاجَةٌ . حَمْزَةُ ، عِنْدَهُ سَيَّارَةٌ.

EXERCISE تَمْـــرِينٌ

(١) أَجِبْ عَنِ الأَسْئِلَةِ الآتِيَــةِ:

Answer the following questions:

(١) مَا اسْمُــــكَ ؟

(٢) مِنْ أَيْنَ أَنْتَ ؟

(٣) مَا لُغَتُــكَ؟

(٤) أَيْنَ أَبُــوْكَ ؟

(٥) أَيْنَ أُمُّــكَ ؟

(٦) أَلَــكَ أَخٌ ؟

(٧) أَلَــكَ أُخْتٌ؟

(٨) أَعِنْدَكَ سَيَّــارَةٌ ؟

(٩) أَعِنْدَكَ دَرَّاجَــةٌ؟

(١٠) أَعِنْدَكَ قَلَمٌ ؟

(١١) أَعِنْدَكَ دَفْــتَرٌ؟

(١٢) أَأَبُــوكَ تَاجِــرٌ؟

(١٣) مِنْ أَيْنَ مُحَمَّــدٌ ؟

(١٤) مَا لُغَتُــهُ؟

(١٥) أَيْنَ أَبُــوهُ؟

(١٦) أَيْنَ أُمُّــهُ؟

(١٧) مِنْ أَيْنَ حَمْزَةُ ؟

(١٨) مَا لُغَتُــهُ؟

(١٩) أَيْنَ أَبُــوهُ؟

(٢٠) أَيْنَ زَيْنَــبُ؟

(٢١) أَيْنَ زَوجُهَــا ؟

(٢٢) أَزَوجُهَا مُدَرِّسٌ؟

(٢) ضَعْ فِي الْفَرَاغِ فِيمَا يَلِي الضَمِيرَ (هُ / هَا) :

Fill in the blank in each of the following sentences with the suitable pronoun (هُ / هَا):

(١) هَذِهِ الْبِنْتُ طَالِبَةٌ . اسْمُـــ.............................زَيْنَبُ.

(٢) مُحَمَّدٌ طَبِيبٌ . وَابْنُـــ.............................مُهَنْدِسٌ.

(٣) هَذَا الرَّجُلُ تَاجِرٌ كَبِيرٌ. اسْمُـــ.............................عَبْدُ اللهِ.

(٤) آمِنَةُ فِي الْغُرْفَةِ ، وَ أُمُّـــ.............................فِي الْمَطْبَخِ.

(٥) عَائِشَةُ طَبِيبَةٌ ، وَأُخْتُـــ.............................مُمَرِّضَةٌ.

(٦) خَرَجَ مُحَمَّدٌ مِنَ الْفَصْلِ وَخَرَجَ مَعَهُ زَمِيلُـــ............................. .

(٣) هَاتِ خَمْسَةَ أَسْئِلَةٍ وَأَجْوِبَةٍ كَالْمِثَالِ الآتِي :

Make five questions with their answers on this pattern:

أَعِنْدَكَ قَلَمٌ؟ نَعَمْ. عِنْدِي قَلَمٌ.

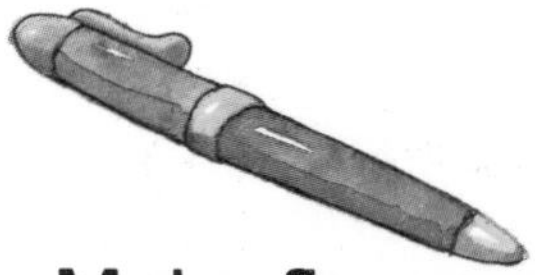

(٤) هَاتِ خَمْسَةَ أَسْئِلَةٍ وَأَجْوِبَةٍ كَالْمِثَالِ الآتِي :

Make five questions with their answers on this pattern:

أَعِنْدَكَ قَلَمٌ؟ لاَ، مَا عِنْدِي قَلَمٌ .

(٥) أَضِفْ الأَسْمَاءَ الآتِيَةَ إِلَى الْمُتَكَلِّمِ وَالْمُخَاطَبِ وَالْغَائِبِ كَمَا هُوَ مُوَضَّحٌ فِي الْمِثَالِ:

Complete the following on this pattern:

بَـيْـتٌ: بَـيْـتِي بَـيْـتُكَ بَـيْـتُـهُ بَـيْـتُـهَا

قَلَمٌ هَذَا قَلَمِي هَذَا قَلَمُكَ هَذَا قَلَمُهُ هَذَا قَلَمُهَا

كِتَابٌ..

سَرِيرٌ..

اِسْمٌ...

مِنْدِيلٌ..

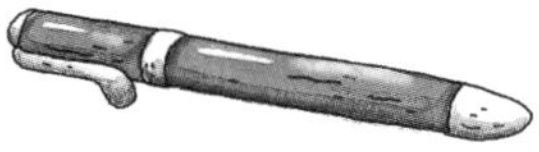

اِبْــنٌ...

سَيَّارَةٌ...

مِفْتَاحٌ...

يَــدٌ...

(٦) اِقْــرَأْ: Read:

لِي لَــكَ لَــهُ لَهَــا

(١) لِي أُخْتٌ وَاحِدَةٌ.

(٢) أَلَكَ أَخٌ ؟ لاَ ، مَا لِي أَخٌ .

(٣) أَخْتِي لَهَا طِفْلٌ صَغِيرٌ .

(٤) زَمِيلِي لَهُ أَخٌ وَ أُخْتٌ .

(نَقُوْلُ : عِنْدِي كِتَابٌ . وَنَقُولُ : لِي أَخٌ . لاَ نَقُولُ : عِنْدِي أَخٌ) .

(٧) مَــعَ With:

(١) خَرَجَ حَامِدٌ مَعَ خَالِد.

(٢) ذَهَبَ الطَّبِيبُ مَعَ الْمُهَنْدِسِ.

(٣) جَلَسَ الْمُدَرِّسُ مَعَ الْمُدِيرِ.

(٤) مَنْ مَعَكَ يَا عَلِيُّ ؟ مَعِي زَمِيلِي .

(٥) آمِنَةُ مَعَهَا زَوْجُهَا .

(٦) خَرَجَ أَبِي مِنَ الْبَيْتِ. مَنْ خَرَجَ مَعَهُ ؟ خَرَجَ مَعَهُ عَمِّي .

(٨)

بَيْتٌ:	بَيْتُكَ	بَيْتُهُ	بَيْتُهَا	بَيْتِي
أَبٌ:	أَبُوكَ	أَبُوهُ	أَبُوهَا	أَبِي
أَخٌ:	أَخُوكَ	أَخُوهُ	أَخُوهَا	أَخِي

(١) أَبِي وَأُمِّي فِي الْبَيْتِ.

(٢) أَيْنَ أَبُوكَ يَاحَامِدُ ؟ ذَهَبَ إِلَى السُّوقِ .

(٣) أَأَخُوكَ طَبِيبٌ ؟ لاَ، هُوَ مُدَرِّسٌ .

(٤) زَيْنَبُ فِي الرِّيَاضِ. أَخُوهَا فِي الطَّائِفِ وَأَبُوهَا فِي الْمَدِينَةِ الْمُنَوَّرَةِ.

(٥) هَذَا الطَّالِبُ أَبُوهُ وَزِيرٌ وَأَخُوهُ تَاجِرٌ كَبِيرٌ .

(٦) ذَهَبَ أَخِي إِلَى الْمَدْرَسَةِ وَذَهَبَ أَبِي إِلَى الْجَامِعَةِ.

(٩) مُحَمَّدٌ خَالِدٌ حَامِدٌ عَبَّاسٌ مَحْمُودٌ

حَمْزَةُ طَلْحَةُ أُسَامَةُ مُعَاوِيَةُ عِكْرِمَةُ

اِقْرَأْ الأَسْمَاءَ الآتِيَةَ وَاضْبُطْ أَوَاخِرَهَا:

Read the following proper names vocalizing the last letter in each of them:

خَـــالد . حَمْزَة . عَمَّار. أَنَس .مُعَـــاوِيَة . حَامِد . أُسَامَة . عِكْرِمَة .

عَبَّاس. مُحَمَّد . طَلْحَة.

New words: **الْكَلِمَاتُ الْجَدِيدَةُ:**

الزَّمِيـــلُ الزَّوجُ وَاحِـــدٌ فَـــتًـــى مَـــــعَ الطِّفْلُ الْكُوَيْت

POINTS TO REMEMBER

In the lesson we learn:

1. The possessive pronouns: كَ, هُ, هَا, ي:

kitâb-u-**ka** (your book). Here "your" is for masculine singular	كِتَابُكَ
kitâb-u-**hu** (his book)	كِتَابُهُ
kitâb-u-**hâ** (her book)	كِتَابُهَا
kitâb-**i**- for kitâb-u-i (my book)	كِتَابِي

These pronouns are not full-fledged words. They are like suffixes attached to the nouns.

2. As we have seen "your book" is كِتَابُكَ and "his book" is كِتَابُهُ.

The word for "father" is أَبٌ and for "brother" is أَخٌ.

"Your brother" is أَخُوكَ (akhû-ka) and not أَخُكَ (akhuka).

An extra waw و has to be added between the mu<u>d</u>âf and the mu<u>d</u>âf ilaihi. In the same way "his father" is not أَبُهُ (abuhu) but أَبُوهُ (abûhu).